UNE MONNAIE
BACTRO-CHINOISE BILINGUE

DU PREMIER SIÈCLE AVANT NOTRE ÈRE,

PAR

M. A. TERRIEN DE LACOUPERIE,

DOCTEUR ÈS LETTRES ET EN PHILOSOPHIE,
LAURÉAT DE L'INSTITUT.

EXTRAIT DES COMPTES RENDUS

DES SÉANCES DE L'ACADÉMIE DES INSCRIPTIONS ET BELLES-LETTRES.

PARIS.
IMPRIMERIE NATIONALE.

M DCCC XC.

UNE MONNAIE

BACTRO-CHINOISE BILINGUE

DU PREMIER SIÈCLE AVANT NOTRE ÈRE.

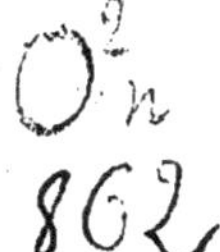

UNE MONNAIE

BACTRO-CHINOISE BILINGUE

DU PREMIER SIÈCLE AVANT NOTRE ÈRE,

PAR

M. A. TERRIEN DE LACOUPERIE,

DOCTEUR ÈS LETTRES ET EN PHILOSOPHIE,
LAURÉAT DE L'INSTITUT.

EXTRAIT DES COMPTES RENDUS

DES SÉANCES DE L'ACADÉMIE DES INSCRIPTIONS ET BELLES-LETTRES.

PARIS.

IMPRIMERIE NATIONALE.

M DCCC XC.

UNE MONNAIE

BACTRO-CHINOISE BILINGUE

DU PREMIER SIÈCLE AVANT NOTRE ÈRE [1].

La rencontre sur un même monnayage d'une légende en caractères indo-bactriens à base araméenne [2] et d'une autre légende en symboles chinois est un fait intéressant à plusieurs points de vue, et qui mérite quelques instants d'examen.

Le spécimen de ce genre, unique jusqu'ici, qui fait l'objet de ces remarques a été rapporté de Khoten, en Kashgarie ou Turkestan chinois, bassin du Tarym, par Sir Douglas Forsyth [3], chef de l'expédition envoyée à Yarkand par le Gouvernement de Sa Majesté Britannique en 1873.

[1] Pour la transcription des noms étrangers : *a, e, i, o* comme en italien ; *u = ou ; ū =* l'*u* français ; *sh = sch* allemand = *ch* français ; *tch = ch* anglais = *tsch* allemand.

[2] Dans un article intitulé *Did Cyrus introduce writing into India ?* publié dans le *Babylonian and Oriental Record*, de février 1887, vol. I, p. 58-64, j'ai indiqué quelques traditions d'après lesquelles l'alphabet indo-bactrien serait une dérivation d'une écriture introduite en Orient par Cyrus et dont il resterait quelques traces.

[3] Cf. *Journal of the Royal Geographical Society*, London, 1876, vol. XLVII, p. 12. Dans le volume *Autobiography and Reminiscences* of Sir Douglas Forsyth, edited by his daughter Ethel Forsyth, London, 1887, je traduis *verbatim* les passages suivants : «J'ai plusieurs monnaies grecques et byzantines qui ont été

L'original, qui est en bronze et non en fer comme on l'avait cru tout d'abord, m'avait été prêté en 1879 par feu M. Edward Thomas, de Londres, correspondant de l'Académie, et nous l'avons maintes fois examiné ensemble afin d'en améliorer peu à peu le déchiffrement. Après la mort de ce numismate distingué, il me fut prêté par Sir Douglas Forsyth, qui lui-même est mort depuis, et j'ai pu en faire faire, au British Museum, l'électro-type parfaitement semblable à l'original que je présente aujourd'hui à l'Académie [1]. Le regretté diplomate et voyageur avait rapporté, du même endroit, un autre spécimen également unique, de plus petite dimension, d'un monnayage du même genre mais moins bien conservé. Sur la face des deux pièces, au centre, un cheval, la tête à droite. En exergue sur la plus grande, une inscription indo-bactrienne en partie déchiffrable, tandis que sur la plus petite toute trace de légende a disparu. Au revers, inscriptions chinoises sur les deux pièces [2].

En outre de ces deux curieux spécimens, le même voyageur avait rapporté du même endroit deux autres pièces de types bien connus d'Antimachus II et de Ménander, deux rois grecs de Bactriane, à légende bilingue, grecque et indo-bactrienne [3].

trouvées dans les ruines d'une ville près de Kiria (à cinq étapes de Khoten)», p. 218. «Un autre individu, Ram Chund, que j'avais envoyé visiter Khoten, m'apporta .... plusieurs monnaies, dont la plus remarquable est une pièce en fer, apparemment d'Hermæus, le dernier roi grec de Bactriane, au 1er siècle avant le Christ», p. 283.

[1] Les légendes de cet unique spécimen sont tellement usées et effacées que des comparaisons répétées avec des légendes du même genre sur des monnayages différents ont été le seul moyen par lequel j'ai pu déchiffrer avec quelque certitude presque toute la légende chinoise et reconstituer la légende indo-bactrienne.

[2] Ces pièces ont été décrites sommairement pour la première fois dans le *Numismatic chronicle*, 1879, nouvelle série, vol. XIX, p. 274-281 : *Coins from Kashgar*, par le professeur Percy Gardner, *with a note on the Geography of Kashgar*, par H. H. Howorth.

[3] Elles ont été publiées dans le mémoire ci-dessus, *Coins from Kashgar*, p. 275.

Nous savons que les Chinois avaient étendu leur domination politique, non seulement dans le bassin du Tarym, mais aussi à l'ouest du massif des montagnes Tsung-ling, et qu'un certain nombre de petits États s'y trouvaient sous leur protectorat, vers le commencement du premier siècle avant notre ère. Malgré les exagérations et l'enthousiasme patriotique des historiens chinois, cette domination plus apparente que réelle ne paraît pas avoir été jamais suffisamment importante pour justifier l'émission d'un monnayage bilingue où leur écriture compliquée eût joué un rôle. Et quand même cette influence et cette domination eussent été suffisamment puissantes pour établir une circulation monétaire spéciale, les résidents chinois n'auraient pu introduire aucun autre type de monnaie que celui qui avait cours à cette époque dans le royaume du Milieu. Or la dynastie des Han, qui régnait alors, avait introduit depuis l'an 118 avant notre ère un type unique [1] de monnaie ronde, d'un pouce (寸 *ts'un*) de diamètre, percé au centre d'un trou carré, et portant la légende 五 銖 *wu tchu*, « cinq tchus ». Cette légende avait remplacé celle de 半 兩 *p'an liang*, « demi-once », qui avait été employée sur des pièces d'une dimension successivement réduite depuis l'époque de la dynastie des Ts'in, 221-206 avant notre ère [2].

Mais les inscriptions chinoises des deux spécimens que nous décrivons ici n'ont rien à faire avec l'une ou l'autre de ces deux légendes.

Celle de la plus petite des deux pièces est écrite en caractères chinois fort corrompus et imités d'une manière barbare de la légende 半 金. Le second de ces deux caractères représente le mot écrit depuis 釿 par l'addition du signe 斤 *kin*, afin d'éviter toute ambiguïté dans sa signification de « livre » ou

---

[1] Cf. T. de L., *Historical catalogue of Chinese money*, vol. I, p. 360.
[2] *Ibid.*, p. 336-339. Sous les Han, la légende *p'an liang* fut maintenue en 186, 175 et 136 avant notre ère. — Cf. *ibid.*, p. 342-351, 355-357.

poids [1]. *P'an kin* « demi-livre » est une inscription qui nous est familière par plusieurs émissions monétaires faites dans la Chine septentrionale, vers 3oo avant notre ère, décrites dans mon « Catalogue historique des monnaies de la Chine ancienne [2] », que j'ai préparé pour le British Museum et qui est maintenant sous presse.

La légende chinoise de l'autre monnaie est beaucoup plus compliquée. Au centre, on reconnaît une forme ornementale et archaïque du symbole chinois 貝 *pei* « précieux », qui représentait autrefois les coquilles ou cauris qui servirent partiellement aux échanges jusqu'à l'introduction de la monnaie métallique au viie siècle avant notre ère [3]. L'exergue est si usé qu'il est difficile de reconnaître plusieurs caractères. Il m'a semblé pouvoir lire :

（錢） ？ 重 二 兩 四 珠

Tsien ？ tchung erh liang sze tchu.

Monnaie ? pesant deux onces quatre tchus.

Les cinq derniers symboles ne sont pas douteux, mais le second est presque complètement oblitéré [4] ; quant au premier, il n'est pas très sûr ; le premier de ses deux composants est seul reconnaissable sans hésitation. 錢 *ts'ien* est le terme employé comme désignation des pièces de monnaie à cette

---

[1] Voir pour ce symbole le même ouvrage aux pages 25-27, 3o et 327, et aux numéros 124, 127-13o et 137 pour l'emploi du signe simple.

[2] *Ibid.*, p. 19 et 28. — Voir par exemple aux numéros 117, 13o, 132, etc.

[3] Sur cette question et la transition des cauries à la monnaie métallique, on trouvera les indications historiques dans un article sur *The metallic cauries of Ancient China* (6oo B. C.), que j'ai publié dans le *Journal of the Royal Asiatic Society of Great Britain and Ireland*, 1888, vol. XX, p. 42-84 39. J'ai donné une esquisse historique de la monnaie en Chine et au Japon aux pages 190-235 de *Coins and Medals. Their place in history and art*, by the Authors of the British Museum official Catalogues. London, Elliot Stock, 1885.

[4] C'est peut-être 銅 *tung* « cuivre ».

époque ; sa signification propre était celle d'un petit outil d'agriculture en bronze que l'on avait trouvé commode autrefois pour les échanges et dont la forme avait été longtemps conservée après l'établissement d'un monnayage régulier. Il avait remplacé un mot plus ancien 泉 *tsiuen* «source», son homonyme d'alors, tous deux ayant phonétiquement divergé depuis. *Tsiuen* servait à dénommer d'une manière générale tout ce qui servait de monnaie [1].

Nous voyons par le premier symbole *ts'ien* de la légende, si notre déchiffrement est exact sur ce point, que les deux premiers signes n'étaient pas l'indication d'un nom propre, mais simplement le nom de la pièce de monnaie. Les cinq caractères suivants, qui ne sont autres que le poids «pesant deux onces et quatre tchus», correspondent à un type de monnaie bien connu [2], qui avait cours également au iiie siècle avant notre ère, principalement dans l'État le plus nord-ouest de l'heptarchie chinoise, l'État de Ts'in, alors en lutte contre les six autres États, afin d'obtenir la suprématie à laquelle il devait arriver peu après. Ce monnayage chinois différait toutefois de celui que nous décrivons ici, en ce qu'il avait la forme d'un anneau plat d'environ deux pouces de diamètre et n'ayant de légende, laquelle décrivait le poids, que d'un seul côté [3].

[1] Aucun de ces deux termes ne figure avec cette acception dans le *Shu-King*, dont le chapitre le plus récent se rapporte à l'an 625 avant Jésus-Christ ou environ.

[2] Ce système de poids-monnaies en forme d'anneaux plats appelés 鍰 *hwan* était connu en Chine dès le milieu du xe siècle avant notre ère et se trouve mentionné dans le *Shu-King*, part. V, liv. XXVII, pour le paiement des amendes. Cf. mon *Historical Catalogue*, p. 319. J'ai fait remarquer dans le *Babylonian and Oriental Record*, avril 1889, p. 103, que ce fait correspond avec l'apparition d'influences étrangères en Chine.

[3] Des spécimens de plusieurs dimensions et poids ont été retrouvés. Ainsi dans mon *Historical Catalogue* précité, les numéros 1601-1602 représentent un anneau avec la légende *Tchung yh liang shih sze tchu*, «pesant un *liang* quatorze

Le monnayage représenté par les deux spécimens qui font l'objet de cette communication appartient donc, en tant que copies de légendes monétaires chinoises, à une époque antérieure à celle où les armées des Han ont pénétré dans l'Asie centrale. Ces légendes ont dû être empruntées par un peuple voisin de la frontière qui, par ses relations avec les Chinois, aurait reçu l'influence de leur civilisation, et appris quelque chose de leur écriture et de leurs monnaies, à l'époque où les légendes monétaires *Tchung . . . liang . . . tchu* et *P'an kin,* lesquelles furent officiellement abolies en 221 avant notre ère, étaient encore usitées.

Or, ce peuple ne pouvait être que celui des Yueh-ti[1] ou *Gwetti*[2], qui selon les annales de la dynastie des Han étaient

---

tchu»; le numéro 1603 : *Tchung yh liang shih erh tchu,* «pesant un *liang* douze *tchu*»; le numéro 1605 : *Tchung shih erh tchu,* «pesant douze *tchu*», c'est-à-dire un *demi-liang.* L'anneau-poids-monnaie de 1 *liang* 14 *tchu* du British Museum pèse 170 grains ou 11 gr. 016. Le spécimen bactro-chinois ou plutôt *Yueh-ti,* décrit dans cette notice, pèse 220 grains ou 14 gr. 256, pour 2 *liang,* 4 *tchu,* ou 52 *tchu;* les deux poids correspondent assez bien, car il faut tenir compte de l'état respectif des deux spécimens; l'un est encrassé, l'autre est usé d'un côté.

[1] Sur l'histoire de ce peuple d'après les sources chinoises, cf. le mémoire de M. Ed. Specht dans le *Journal asiatique,* VIII° série, vol. II, et mon article sur *The Yueh-ti and the early Buddhist missionaries in China,* 1888 (réimprimé de *The Academy,* 31 décembre 1887).

[2] Ce nom des *Gwet-ti* est écrit dans les textes chinois 月支 et 月氐 qui se prononcent respectivement aujourd'hui *Yueh-tchi* et *Yueh-ti* en langue mandarine. A l'époque des Han, le nom devait se prononcer *Gwet-ti* selon la transcription chinoise, mais nous ignorons sa forme originale, puisque c'est un nom propre étranger transcrit par à peu près à l'aide des sons attachés aux signes idéographiques du Royaume du Milieu. L'ancienne forme chinoise nous est connue à l'aide du phonétisme archaïque de plusieurs dialectes chinois, tels que le sino-annamite, ceux d'Emouy et de Canton. Ainsi *Yueh* 月 est encore E. *gwat* et S. A. *ngoat* ou *nguyet.* Le *She-ming,* un dictionnaire du II° siècle de notre ère, donne comme homonyme 鈌 qui est S. A. *kuyet,* C. *küt* et E. *kw'at.* Les prononciations ajoutées d'ancienne date au *Shwoh-Wen* donnent comme homonyme 駃 qui est S. A. *kwyet,* C. *küt* et E. *kw'at.* Dans les dictionnaires toniques de date moins ancienne, tels que le *T'ang yün* (750 après J.-C.), dans lequel étaient données d'anciennes prononciations à l'aide de la méthode *fan-*

très florissants au iii° siècle avant notre ère, dans la région sise au nord-ouest de l'État de Ts'in, immédiatement au delà des frontières dans le Kansuh actuel[1]. Les Yueh-ti étaient, selon les Chinois, un peuple au teint blanc et rose et, selon leurs monnaies gréco-bactriennes, leur nez était généralement de forte dimension. Après quelque quarante années de guerres incessantes, ils furent chassés vers l'ouest par leurs ennemis acharnés les Turcs Hiung-nu, dont le chef ou *Shen-yu* [2] s'était fait du crâne de leur roi une coupe à boire. Ils se firent route vers l'ouest jusqu'au Ferghana, dans le voisinage duquel ils s'établirent. Vers 143 avant notre ère, leurs anciens voisins les *Wu-sun*, aux cheveux blonds et aux yeux bleus, d'accord avec les Hiung-nu, les attaquèrent par derrière et les forcèrent à fuir plus loin. En 129 avant notre ère, le ministre chinois Tchang-kien, qui avait été envoyé après eux pour obtenir leur alliance contre les Hiung-nu, alors en lutte avec le Royaume du Milieu, les trouva établis au nord de l'Oxus. Plus tard, Kitolo, leur chef, s'avançant vers le sud, passa l'Hindukush vers l'est, conquit les cinq royaumes de Gandhara, la région de Peshâwer, et établit un poste avancé dans la ville même de Peshâwer. Leur domaine grandit ainsi et forma cinq principautés, qui furent réunies sous un seul sceptre, vers 40 ans avant notre ère, par K'iu-tsiu-kioh, chef de l'une

tsieh indiquant le commencement et la finale des mots, cette prononciation est indiquée par deux caractères formant S. A. *ngu-ât*, E. *gw-at*, etc., et l'homonyme indiqué est 刖 S. A. *ngât*, E. *gwat*, etc. Le son de la seconde syllabe *ti* est rendu certain par la variante chinoise qui est *ti* et nulle autre. La restauration de l'ancienne forme de *Yue-tchi*, *Yueh-ti* en *Gwetti* rend impossibles plusieurs assimilations jusqu'ici proposées, et permet de diriger les recherches dans une autre direction.

[1] Correspondant à la région comprise aujourd'hui entre les préfectures de An-si et de Si-ning dans la province de Kansuh.

[2] Le titre complet était *Tang-li Kwa-tu Shen-yu*. Cf. mon article *Khan, Khakan and other Tartar titles*, note 31 (*The Babylonian and Oriental Record*, 1888, vol. II, p. 277).

d'elles, celle des Kuei-shwang, les Kushan des Persans. Ce roi, le Kujula Kasasa ou Kadphises I des monnaies gréco-scythiques, annihila *Puk-ta* ou Bactres et *Ki-pin* ou Kophêne, puis il envahit le pays d'*Ansik*[1], la Parthie, après l'an 40 et avant l'an 30 avant notre ère[2]. Les Yueh-ti vinrent ainsi en contact avec les Grecs, et Hermæus, le dernier des rois grecs de Cabul, devint l'allié de Kadphises I avant de devenir son vassal. Ils frappèrent en commun un monnayage bilingue de fabrication grecque, à légendes grecque et indo-bactrienne, qui a été publié par divers savants, notamment et en dernier lieu par mon ami le professeur Percy Gardner, d'Oxford, dans son « Catalogue des monnaies des rois grecs et scythes de Bactres et de l'Inde », d'après les collections du British Museum et autres[3]. La légende du roi Kushan est celle écrite en caractères indo-bactriens.

Ces remarques nous ramènent à l'examen final des deux spécimens uniques du monnayage qui fait l'objet de cette communication. Sur le spécimen bilingue le déchiffrement de la légende indo-bactrienne nous fournirait, s'il pouvait être

---

[1] *Hou Han shu.* — *Yuen kien lei han*, Kiv. 237, fol. 43. *Pukta* ne pouvait être une transcription du nom de la Parthie, comme on l'a suggéré à tort encore récemment, parce qu'à l'époque des Han, selon le système d'équivalence alors en usage, ce nom eût fait *Panta* ou *Punta*. Il a été trouvé du reste sous la forme *P'an-tou* dans le *Tsien Han Shu*. Arsak fait *An-sik*. J'ai expliqué les cinq procédés employés successivement par les Chinois pour rendre le *r* des noms étrangers, p. 442-443 de mon mémoire sur *The Djurtchen of Mandshuria, their name, language and literature*, dans le *Journal of the Royal Asiatic Society*, 1889, vol. XXI. Voir aussi sur trois de ces procédés et notamment sur l'équivalence $n = r$, l'article du Dr F. Hirth, *Chinese equivalents of the letter R in foreign names* (*Journal China Branch Roy. Asiat. Soc.*, vol. XXI, p. 314-323).

[2] Vers l'an 31 avant notre ère, Phraates chassa Tiridates du gouvernement de la Parthie avec l'appui d'une armée scythe.

[3] *Catalogue of coins of the Greek and Scythic kings of Bactria and India*, p. 120, 121, et pl. XXV, 1 et 2. On consultera avec avantage sur leur histoire le mémoire récent de M. Ed. Drouin, *Chronologie et Numismatique des rois indo-scythes*, Paris, Leroux, 1888, in-8° (extrait de la *Revue de numismatique*).

complet, la solution de la question d'histoire et de géographie qu'il comporte. Malheureusement, l'état de conservation de ce spécimen, jusqu'ici unique, laisse beaucoup à désirer; il est fortement corrodé sur la droite où la légende se trouve presque effacée et il nous faut suppléer par conjecture à plusieurs caractères, en partie disparus ou illisibles; en outre, et comme par fatalité, la fraction de l'inscription qui est incomplète est celle où se trouvait le commencement du nom du roi qui l'avait émise.

Cinq caractères sont illisibles sur les vingt qui forment l'inscription. Elle se lit de droite à gauche et commence en haut, à gauche, au-dessus de la croupe du cheval.

Les onze premiers caractères se laissent lire sans trop de peine *Mahārajasa rajadirajasa;* puis viennent trois signes illisibles, ensuite *sa,* deux caractères effacés et enfin *mayasa* en trois lettres bien reconnaissables.

La comparaison de cette inscription avec celles des monnaies des rois grecs de la Bactriane, qui contiennent les mêmes mots ou les mêmes caractères, permet de restaurer avec une grande probabilité les lettres indéchiffrables.

Les trois dernières lettres *ma ya sa* rappellent le nom du roi grec Hermæus, écrit *Hēramayasa* sur les légendes indo-bactriennes de ses monnaies bilingues déjà publiées. Les deux derniers caractères illisibles semblent devoir être *Hara...* Le signe lisible *sa* était évidemment une terminaison, et nous pouvons deviner, d'après les traces des lettres effacées, que cette finale était celle du mot *mahatasa,* que nous lisons également sur les monnaies d'Hermæus. Celles-ci portent sur la face une inscription grecque ΒΑΣΙΛΕΩΣ ΣΩΤΗΡΟΣ ΕΡΜΑΙΟΥ, ou quelquefois ΒΑΣΙΛΕΩΣ ΣΤΗΡΟΣ ΣΥ ΕΡΜΑΙΟΥ et sur le revers, en caractères indo-bactriens : *Maharajasa tradatasa He-*

ramayasa, ou bien *Maharajasa mahatasa Heramayasa,* ou encore *Maharajasa rajarajasa mahatasa Heramayasa,* c'est-à-dire à très peu de chose près la légende que nous lisons sur le spécimen rapporté de Khotan, la seule différence consistant en ce que sur ce dernier nous lisons, au lieu de *rajarajasa,* la forme *rajadirajasa,* qui est fréquente sur les monnaies des autres souverains de cette classe.

Lorsque le roi des Yueh-ti[1], Kujula Kasasa Kushana, se fut allié à Hermæus, ils frappèrent le monnayage spécial à légende grecque sur l'avers pour *Hermæus* et à légende indo-bactrienne sur le revers pour Kujula, dont nous avons parlé.

L'ensemble de ces considérations nous permet de conclure que le monnayage, représenté principalement par le spécimen bilingue que j'ai décrit, fut émis conjointement par le roi grec de Bactriane Hermæus et celui des Yueh-ti, lors de leurs premiers rapports, en vue de faciliter le commerce des Gréco-Bactriens avec les nouveaux venus, alors que ceux-ci n'avaient pas encore oublié l'écriture chinoise pour adopter l'indo-bactrien. La date serait donc entre les années 40-30 avant notre ère, et le monnayage devrait être appelé *Gréco-Yueh-ti.* Quant au plus petit spécimen à légende chinoise sur le revers, s'il ne portait pas d'inscription indo-bactrienne sur l'avers, il représenterait un monnayage des Yueh-ti, antérieur à l'époque où ils se sont trouvés en contact avec les Grecs de Bactriane.

[1] La migration occidentale des *Yueh-ti* ne parait pas avoir été sans influence sur la civilisation de l'Asie occidentale. Ainsi, c'est probablement à eux qu'il faut attribuer l'apport de l'abricot en Perse. Cf. *The Babylonian and Oriental Record,* 1889, vol. III, p. 133; et aussi les influences sur la littérature mentionnées par M. J. Darmesteter dans son article sur *La flèche de Nemrod en Perse et en Chine,* paru dans le *Journal asiatique,* 1885, vol. V, p. 220-228.